Mélopée marine

Renaud Derbin

Mélopée marine

Recueil

ISBN : 979-10-377-8683-8

À tous les miens, à mes enfants qui me soutiennent…
À celle qui me porte depuis… Une éternité. Et se reconnaîtra dans les yeux « marine »

Prévisible

J'aime ton imparfait lever de soleil,
J'aime nos imperfections au réveil,
J'aime nos baisers imparfaits du matin
Je t'aime imparfaite après un verre de vin.
Je t'aime lorsque nous nous enferrons
Toi et moi dans d'imparfaites discussions.
J'aime toi imparfaite quand tu te ceins d'ironie
J'aime quand contre moi toute blottie,
Je t'admire, toi plus forte que moi.
Mon imprévisible superbe, rai de lumière,
Laisse-moi, imparfait, te protéger,
Mon ange, du passé faire oublier
Les blessures, et du futur caresser
L'espoir de nous, et nos yeux s'aimer.

Un funantoine

Un parfum de griotte,
Dans ce verre qui sera
Tu le sais, je n'en doute pas
D'une longue série.
Comme une sérénade, des envies
De souvenirs et projets
À jamais partagés le premier.
Sur un clavier improvisé,
Je cherche à jouer pour nous.
Toi et moi sommes, pauvres fous,
Des funambules désœuvrés ;
La vie, que nous voulons belle
Se désenchante, ou se muselle
Faute de ténors, faute d'accords.
En manque de panache,
Toi mon funantoine, si arrogant
De volonté de vivre,
Haineux des lâches,
Notre amour du savoir, de ces livres
Tant chéris, par nous tellement.
Lus, bus, comme une gorgée
D'un de ces superbes nectars

Ces vins désirés, tant aimés,
La peau d'une aimée, un pommard...
Préservons-nous de l'absurdité,
Toi mon funambule, par vanité
Parfois ne perds pas le fil
De cet art qui fut le tien,
Ce qui fut nous, habiles,
Étranges et complémentaires musiciens...

Mélopée marine

Il est arrivé que tu compares
La teinte de mes yeux
À celle sans fard
De cet océan, parfois capricieux.

Superbe dans sa parure automnale,
Une invitation à te suivre,
Un baiser, une tentation paradoxale
De naviguer, moi le matelot ivre...

Tu t'éblouis des reflets de ce divin soleil,
Face à ces paysages uniques, fascinants,
De ta côte basque tant aimée, tu t'émerveilles,
Te prends à sourire, comme une enfant.

C'est un lieu qui incite au voyage,
À, avec toi s'éloigner, une éclipse,
Prendre la mer, prendre le large
Rêver un amour comme le Phénix,
Qui sans cesse nous ferait revenir,
Vers une envie d'aimer, de nous séduire...

Klimt, un baiser

De tes yeux qui révèlent tant
De ton âme, tes sentiments,
Que tu couvres d'ironie,
Presque en transparence,
Apparaissent sous la pluie
Une folie, une envie de romance...
Parce qu'il est ton sourire
Qui les illumine, les rend malicieux,
Une promesse faite aux amoureux...
Irrésistiblement vers tes lèvres
Attirée, en quête de la sève
De ta peau, comme un tendre rêve,
Ma bouche vient sur ton cou
Se poser, doux papillonnement,
Et remonte lentement vers ta joue
Se donnant à ta chevelure d'or
À ces teintes de sécession
Cette rêverie faite art passion
Alors tandis que ma peau
Trouve refuge tout contre toi,
Tes yeux splendides deviennent soudain le reflet de notre émoi,
Et se ferment, passant de mi-clos
À cette image de Klimt, ce poème...

Simplement

Attends-tu un texte en anglais,
Qui de nous ferait
Dans une langue que nous aimons,
Toi et moi, de l'un et l'autre comme des étrangers ?
Attends-tu, toi ma belle, la musique à ton corps collée,
Un impromptu, un nocturne, un tango, éloge à ta sensualité ?
Parce qu'il est un sourire, un moment effleuré,
Parce que ce sont des moments volés, à mes erreurs, à tes blessures,
À nos passés...

Toi et moi, restons enlacés,
Pour un instant fugace qui te rassurerait,
Qui t'interrogerait sur la confiance que tu me donnerais,
Ou non, car je pourrais te faire souffrir ?
Je suis une simple rencontre, ou celui que tu voudras,
Peut-être accepté pour sa vaine aura,

Ou regarder comme ton oreille et ta voix pour l'éternité,
Celle d'une vie, celle d'une énergie
À la tienne pareille, celle à jamais
Ancrée dans tes envies, et quand tu ris.

Laisse-toi des heures, des jours, le temps,
Sans ambages, sans autre forme que celle de ton choix,
Pour m'accepter à tes côtés pour une valse, un contre temps ?
Laisse-toi le temps, laisse-moi me perdre dans ta voix,
Laisse-nous tenter cette vie, un amour, peut-être,
Si tu le veux, t'entendre me dire je t'aime, toi...

Fulgurance

Tu voudrais t'échapper, partir,
Mais, finalement, pourquoi,
Quand tu sais mieux que moi
Des autres la lâcheté, la faiblesse.

Toi et moi telle une ultime détresse,
Lorsque nous contemplons des souvenirs
Ce que nous fûmes,
Ce que nous serons.

Aucune amertume
De nos erreurs, fautes,
Persiste une exception,
Nos amours, si hautes.

Pardonne mon arrogance,
Ce soi-disant charisme inoubliable,
Qui touche des gens, l'ignorance,
Pardonne cette folle insolence,
Cette énergie incontournable
Que demeure de nous une absolue fulgurance.

Leipzig

Nikolaikirche, quelques bières
Bien accompagné, quelques repères.
Dans cette ville d'histoire, enclavée
Dans une Mitteleuropa que j'aime, rêvée
Nous sommes octobre, une fin d'été indien,
Ou davantage comme un été sans fin.

Une terrasse avant l'hiver... quelques flocons
Furent, ici, un symbole, davantage de saison.
Sachsen, comme un mot noble, la Saxe,
Une terre d'histoire, une ville baroque
Vue et vécue des instants d'équinoxe,
De fin d'Histoire, et de soif de jazz.

Leipzig, toi unique terre de mémoire,
Tu résonnes de teintes tricolores.
De ces défaites, de tes teintes d'or,
Teintes automnales, de tes victoires.
Mais tu signifies aussi un clap de fin,
Comme pour notre empereur glorieux.

Une joie éphémère, et une loi d'airain
L'aboutissement de ma quête,
Leipzig, toi ma belle baroque, te revoir,
Des retrouvailles après des années sans gloire
Ces moments de panache, de grandeur dénuée
Finalement communs à tellement de notre Humanité...
Oubliée...

Leipzig, t'avoir revue signifie un clap de fin.
Je peux fermer ce misérable livre de mon panache prétendu,
Nous pouvons toi et moi, pauvres interlopes,
Ultimes reliques d'un passé offensé, si vite faire le deuil prévu.

Trois mousquetaires

Nous étions à ce point improbables
Que de notre rencontre, sortirait une fable.
À droite une envie d'être aimé,
À gauche, ne plus savoir qu'en penser,
Et sûrement, un verre sur un coin de table,
Tellement d'incongruités, assumées.
Des rêves presque adolescents
À Bordeaux rendus indolents.
Une gloire dont nous aurions rêvé
Trois mousquetaires, inénarrables.
De nous, tous, il fût un tout,
Enchanteur, parfois délirant,
Fait de Bordeaux, de Madiran
De solstices et de rebonds,
Simplement de tout cela, nous.

Muay chorégraphie

Quelques notes de blues, de jazz,
Quand tu attendrais des phrasés
D'un rap qui t'inspire, ses rimes, ses emphases
Pour toi mon ami, je m'adapterai.
Pour notre amitié, un bal des lazes,
Que je te porterai, toi, à couteaux tirés,
Le maître, le sensei, finalement apaisé.

Ta discipline, tu l'as faite art,
Dans tes ballets à l'infini.
Cette volonté du sans merci.
Parce que tu sais, tu as compris,
Quelle essence de nous dit l'envie.
Poète requiem, tu restes, et je souris,
Mes maigres figures poétiques
Viennent admirer tes envolées rythmiques.

Lorsque de ton corps d'athlète
Émanent des sens tout à la fois poétiques
Et frénétiques d'esthétiques quêtes,
Ta voie inspire ma voix.
Toi, fier de tes choix,
Ami, frère, la liberté guide tes pas,
Et après eux les miens, à trépas...

Coup de gueule

De coup de sang en coup d'absurde,
De rhétorique vers le suprême,
De coup de gueule en notre bulle
Il faut du temps pour un je t'aime.

Mon ami, mon frère, toi qui sais
Bien plus que moi la fragilité
De nos êtres ; la subtilité
D'un requiem, et in fine l'abstrait.

Parce qu'il est des rencontres
Qui sont logiques par la suite,
Des échanges qui demeurent uniques
Parce qu'il y a des débats contre.

Éric, mon ami, mon frère,
Parce que tu m'as éclairé
Parce que tu me donnes ton intégrité,
Merci, à l'infini mathématique qui saura te plaire.

Satiné

Tes lèvres et comme un parfum du passé,
Mon histoire que je souhaiterais effacer
Le jour où tu te trouves face à moi,
Ce jour unique, où je t'attendais,
Sans savoir si tu me regarderais,
Sans connaître autre chose de toi
Que ces moments volés à d'autres,
Et des minutes, des instantanés
Que tu m'as donné la chance de saisir, partagés.

Ce sourire tantôt timide, et tellement majestueux
Sourire magique, royal, tes yeux devenus radieux,
Une sidération, un moment saisi, rapide.
Des arabesques futiles et tellement splendides.
C'est l'histoire d'un couplet, d'un refrain,
Le poids de nos errances, et nos enfances
C'est le poids des histoires avérées, poids d'airain

Et nos rythmes, nos sons uniques, alternance
Un voilier qui s'éloigne et que toi et moi regardons
Avec envie, un rêve de départ, une immersion.
C'est l'histoire de ton sourire,
L'histoire de nos soirées tardives.

Tes yeux couleur Méditerranée, couleur Maldives
La vie qui s'exprime par tes regards et ton rire,
Ta passion océane, mon adorée, un automne basque.
Plus de jeu, simplement toi dans mes bras.
Un désir de toi contre moi, bas les masques
Et si tu le désires, tard, un dernier verre de Syrah ?

Voyageur sans bagage

Verre de vin, de vodka, dernier coup
Peu importe je suis des vôtres,
Tant que persiste l'envie philanthrope,
Que l'instant demeure, et prime sur tout
Comme un texte de Biolay,
Un enfant qui court et rit,
C'est l'enchantement, la vie
Coup de foudre, cris d'orfraie,
Qui frappent et assomment
Lorsque, amour, d'un seul trait,
Et séparation riment avec maldonne
C'est du Barbara, du Brel,
Écrivez-moi ce soir à Vienne,
Et qu'après je trouve l'oubli
Des coups, des kicks, sur un ring,
Ils sont assumés, c'est un sparring
Comme pour s'éprouver, montrer
Que l'on saurait tenir, que l'on peut encaisser
On passe à du Lavilliers, du Eminem
Quelques groupes de rap, anathème
Des rebelles, des artistes, des paroliers
Retour à la « normale », les coups de grisou

Quotidiens, importuns, témoins chagrins,
Que, sans attendre, on n'aime pas du tout,
Ils harcèlent et font se dévoiler nos humains.
Quelques notes de jazz, Billie Holiday
Un désespoir, puis une force, on se remet
On se bat, on encaisse, et on résiste
Des coups en traître, de Trafalgar,
Des manœuvres qui, la folie, excitent,
Je m'en relève, de ces coups de bâtards,
De ces êtres veules dont in fine rien ne subsiste
Mes mains sur ces touches faites d'ivoire
Tentent de relayer pour toi la poésie, les histoires,
De ces artistes que l'on qualifia parfois de fous
Mes mains vont revêtir des gants
De boxe pour défendre, protéger
Ce que j'aime, sans haine, peur ou sang,
Nous prémunir des envieux, du danger
Coups de sang, de colère ou de rage
Florence, Rome, ou bien Carthage
Acharnez-vous contre moi, sans ambages
Cognez, je saurai recevoir, et repartir tel, de Jean
Anouilh, mon voyageur sans bagage.

Deutschland pour toi

Un texte, un rythme de Rammstein, des mots,
Tellement justes. Une transgression.
Et d'amour en simultané, une déclaration.
Une autre grande nation, une quête du beau,
D'un sourire d'un vent d'hiver.

Comprends mon fils,
Que notre histoire soit à travers
Marquée par ce pays, un air de jazz, last kiss…
Je m'affale dans un rocking chair.
Je prendrai ce que vous voulez,

Fischerinsel, comme une prière.
Mon fils, de nos moments pardonnés
Toi et moi, une dernière volonté ?
Tu en rêvais, de ce pays paradoxal,
Toi si beau, droit et magistral
Nous y passerons, toi, nous, moi
Des instants brillants, serons tels des chevaux de Troyes

Constantin, mon faux moi, mon étoile,
Rêve avec moi de ce pays presque frère,
Si différent et malgré tout tellement pair.
Pense aux poèmes de Rilke, et de Monet, les toiles...

Trésors

Vos yeux, proches du paradis,
Ces sourires, qui me le font caresser
Quelques baisers précieux, tentés
Et maladroitement repoussés. Moi malappris,
Vos yeux sont le paradis.
Je voudrais les contempler à l'infini,
Il ne me reste, pour vous le dire que l'écrit,
Ce jour où vous me verrez fini,
Pardonnez tout le futile, conservez le magnifique ?
De vous et nous, mes trésors,
Soyez, peu importe, ridicules ou forts,
Quand je partirai, ne vous soumettez pas.
Vous êtes l'avenir, et bien au-delà
De tous ces crétins, vous, 1, 2, 3...
Mes amours, quand j'aurai rejoint
Finalement, à regret, une peau de chagrin,
Mes combats futiles me sembleront loin,
L'absurde revient toujours,
De nous, j'espère, demeure un souvenir d'amour.

Table des matières

Imprimé en Allemagne
Achevé d'imprimer en mars 2023
Dépôt légal : mars 2023

Pour

Le Lys Bleu Éditions
40, rue du Louvre
75001 Paris

www.ingramcontent.com/pod-product-compliance
Lightning Source LLC
LaVergne TN
LVHW020533160826
845677LV00015B/4039

9791037786838